あなたにも体感できる
意識変容の5ステップ

左脳《さのう》さん、右脳《うのう》さん。

ネドじゅん 著

ナチュラルスピリット

プロローグ

ある日突然、思考が消えました

あっ、はじめまして、
オカンです。

数年前に突然、
あたまのなかの
思考が消えました。

つまり、あたまのなかを
グルグル回っている
ひとりごとの思考が
完全に消えて
なくなったんです。

いわゆる「悟り」とか、
「覚醒」「意識の目覚め」なんて
呼ばれている状態です。

過去のことや
将来の心配や
失敗したことや
あの人の噂話
この人への不満
イライラ
イライラ
思考ゼロ
超ハッピー

ほんと、すみません。
こんなノリのオカンなのに
悟りなんて言っちゃって。

思考が消えたまま、
ふつうに楽しく生活してきたんですが、
多くの方から
「いったいどうやったの？　やり方を教えてよ」
とたずねていただき、
本を書くことになりました。

そうなんです。
「やり方」があるんです。

ある日突然に
思考は消えましたが、
そこに至る変化のステップを
オカンはぜんぶ覚えてるんです。

ラッキー！

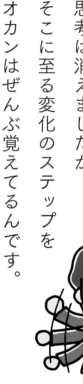

意識の目覚めが
起きたらこうなる、
という情報は
いっぱいありますが

その「やり方」の情報は
少ないように感じます。

誰にでもチャンスは
あっていいはずです。

思考が消えたら
どうなると思いますか？

めっちゃ幸せ

になります。
ストレスがゼロです。
こころが安定して、自由で、
とにかくハッピーです。
そして、

外側の世界と関係なく
幸せ感にあふれている
嫌なことを
思い返さない
自分の目標に
集中できる
世界をコントロール
しなくていい

意識の
変容……

すごい数のスバルのマークが！？
うわあ

ちがいます
宇宙です　画力が足りないだけです
ようこそワンネスへ

自分の意識が
静かに**変容**し始めます。

「たましい」とか
「すべてはひとつの意識」とか
「生命はつながりあっている」
なんていう、
いつかどこかで読んだ言葉を
なまなましく**体感**します。

きっとあなたも、
こうおっしゃると思います。

**うっわ、
ほんとうだった…。**

知識として
知っているのではなく、
体感するとき、
人生が変わります。

あの、宇宙さん
晩ごはん作るんで
そろそろ帰って
もらってええかな

ですからこの本は、
思考を消して、自分という意識を
変容させたい、それを体感したい
という人向けの内容になります。
超マニアックです。
そんな人いるんでしょうか？

あっ、目をそらさないで！
あなたです、
そうです、あなたのことです。

チャレンジ
してみます？

逃げんなぁああぁあぁ

オカンにできたんです。
あなたにもできますよ！
かんたんとは
言いませんけれど。

では、
始めてまいりましょうか。

もくじ

プロローグ
ある日突然、思考が消えました …… 3

第1章
解説編1
作戦会議
あなたとオカンで意識変容に向けた作戦会議が開かれたようです …… 21

第2章
解説編2
機能意識
オカンの思考が消えてもふつうに生活できているわけ …… 37

第3章
解説編③
思考が止められない原因
左脳さんはズルを覚えた ……… 51

第4章
解説編④
意識の焦点さんのパワー
あなたはなぜ生まれたか ……… 63

第5章
実践編①
おなかに降りる・思考を止める
さあ、始めよう！ ……… 81

第6章
実践編②
直感とつながり、直感を信じる
あなただけの、導き手 ……… 89

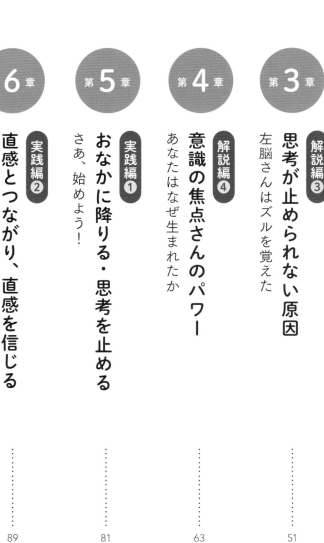

第7章
実践編③
「いま・ここ」を選ぶイメージング
立ち止まる練習
……111

第8章
実践編④
思考の引き戻しを耐え抜く
効果、出てきてます
……127

第9章
実践編⑤
レスキュー！　最後の闘い
左脳さんの逆襲
……143

第10章
焦点さんの矢印活用編
望みをかなえる焦点の結び方
だから、きみが望め！
……161

おわりに

第1章

解説編❶

作戦会議

あなたとオカンで
意識変容に向けた
作戦会議が
開かれたようです

作戦会議

どうもどうも。オカンです。逃げ出さず、哄笑《こうしょう》せず、電柱の陰から見ていてくださってありがとう。あなただけでもゲットできてよかったです。あ、いえ、ちょっと力づくでお越しいただきました。こうなったら腹をくくってチャレンジしていってくださいね！

ああ、そもそも、何をするんだって話でしたよね。

この本の目的は、あなたに意識変容を体感していただくことです。そのために、どうしても必要なステップが5つあります。

❶思考を止めること。

←

❷直観を信じること。

←

❸意識を「いま・ここ」に集中すること。

←

❹思考が引き戻そうとするので、
そのたびに直観を選ぶこと。

←

❺最後に思考が強い反逆を起こすので、
それを乗り越えること。

この5ステップがそれです。かんたんそうでしょう？

滝に打たれたり、インドを旅したりしません。ふだんの生活のなかでできることばかりです。

なにしろオカンがスーパーに買い物に行ったり、ＰＴＡのお仕事をしたり、パートタイマーで働いたりしながら完遂できた内容ですから。

ところで、意識変容ってなんだと思いますか？

ふっと意識が遠のいたり、不思議な声が聞こえたり、神秘的な体験をしたりすること？

まあ、だいたい当たってます。それらひとつひとつを体験してみたいと願って、目的にするのもいいのかも。

でもほんとうにこころがふるえるのは、世界がもっと深いところでぜんぶつながっていて、自分がその大きなつながりの一部なんだと知ることだとオカンは思います。

自分ってなんなんだ、という永遠の問いに答えが出ること。それも、言葉や知識ではなく、体験で理解することができること。

よろしければ、そこへ向かって進んでいきましょう。

そして、それらがどんな体験であるにせよ、すべては思考を止めることから始まります。

ここから４章までは、解説編として、実践の前に理解しておいていただきたいことをご紹介します。どういう仕組みでそれが起こるのか、わかっていたほうがいいからです。

この本では「脳」の神経回路を切り替えることをベースに、意識とその働きのオカン流概念にのっとって話が進みます。できるだけ楽しく、愉快な気持ちで取り組んでいただきたいので、あまり生真面目な展開にはなりません。笑いながらチャレンジしてください。

思考を止めるということについては、このあと左脳さんについて知っていただくことで、多少は理解してもらえるかと思います。

そして先ほどの５つのステップ、その紹介のなかで実践ワークをご用意しました。いきなり、「ハイ、それでは思考を消してください！」と言われても困りますものね。

もしも、こんなオカンに何かひとつ、意識変容が完遂できた理由があるとしたら、それはどんなワークでも、めげず、あきらめず、しつこくしつこく続けたことです。もちろん、それらはオカンにとって効果を実感できるものだったり、やっていて気分の良いものだったりします。イヤなことを続ける必要はないと思います。ただ、やると決めたら真剣に、工夫を重ねて試しながら、やることです。自分が決めて、そして完遂する。これですよ！

あ、あなたはいま、多少強引に連れてこられたんでしたね、いやぁ、気にしない気にしない。がんばりましょう!

オカンとしては、ぜひ体験していただきたいので、せいいっぱい、ガイドしていくつもりです。そのために、まずはこの本の登場人物たちを紹介させてください。わけのわからない脳キャラが出てきます。

最初に申し上げておきたいのは、

こいつら、

ほんとうにいるんですよ

ということです。

登場人物 その1

オカン。

外側から見たときの1個体。
ひとりの人間として扱われるよ。

サラリーマンの夫と高校生の娘とともに、３人で楽しく暮らす凡庸なオカン。若い頃に心身症を患ったことから心理ワークや精神医学に関心を持ちました。以来、30年近い自己探求の末、ある日突然、あたまのなかの思考が消えました。ビビりました。そこから始まった深い意識の変容を、自身で記録・検証しながらまとめ直したものがこの本です。ＰＴＡや地元の町内会以外、どんな集団にも所属しておらず、自己探求のみで続けています。

この本では著者個人というスタンスではなく、単純に「ひとりの人間存在」「個という肉体」というふうな扱いで登場します。大阪市出身、千葉県在住。

登場人物 その2

意識の焦点さん《いしきのしょうてんさん》。

オカンという個体を構成する
意識のひとつ。わたし。

これは、あなたのことです。あなたは意識ですよね？
そしてあなたの肉体の目をつうじてこの本を読んでくださっている、そうですよね。
あなたは、あなたという存在の記憶を持っていて、幼い頃からずっとあなた自身だった。
そうですよね。

間違いありません、意識の焦点さんは、あなたのことです。ここではあなたのような意識のことを、意識の焦点さん、とお呼びします。絵柄はオカンの焦点さんになっていますが、これは実はあなたのことだと覚えておいて下さい。

この本はあなたが主人公となり、あなたの冒険の物語になる予定です。意識が変容し、あなたの居場所があたまからおなかに変わっても、あなたが消えることはありません。あなたが中心の物語で、あなたが変容を体験するでしょう。そしてあなたといくつかの意識たちが、力を合わせてあなたという個人を生きる、そんな物語になるはずです。

あなたがなぜ生まれたのか、あなたは何をする運命なのか。体験のなかで、この本に書かれている以上のさまざまな真実に出会うことでしょう。

イラストについている矢印は、あなたの持つパワーを表現しています。最後の章ではこの矢印を使ってあなたの夢をかなえるヒントもご紹介しています。ぜひ活用してください。

登場人物 その3

左脳《さのう》さん。

オカンという個体を構成する
意識のひとつ。思考の意識。

意識の焦点さんとともに個人の意識を構成する存在です。

言葉による思考を担当します。

この本においては「恐怖のラスボス（物語のラストに登場する強敵）」扱いですが、その後、すばらしいパートナーとして大活躍してくれる、頼りになる意識存在です。

人間社会のなかで生きることに特化した意識で、人工的なもの、名前のついたもの、社会のルール、時間管理、人間同士のコミュニケーションが得意分野です。

「いま・ここ」に意識を向けることは苦手で、過去や未来を考えるのが得意です。

登場人物 その４

右脳《うのう》さん。

オカンという個体を構成する
意識のひとつ。直感の意識。

右脳さんは、幼い自分の姿をした、不思議な意識です。

直観を担当してくれます。

自分を構成する意識の一部分ではありますが、ひょっとするともっと高次元の意識の一部なのかもしれません。右脳さんは、ほとんど言葉を使いません。言葉の代わりに、思い浮かんだ絵や歌の歌詞や、なにげなく見た写真、本の一節、WEBページで目にとまった内容などにメッセージが込められていて、コミュニケーションをうまく行うにはコツがあります。右脳さんがあなたのなかで活性化すると、人生の奇跡をたくさん見せてくれます。

幼く見えるイメージのとおり、子どものように遊ぶのが大好き、常に「いま・ここ」にいて、至福の状態でほほえんでいます。わたしたちが思考を消そうと挑戦しているとき、パワフルに手助けしてくれる存在です。

第２章

解説編❷

機能意識

オカンの思考が
消えても
ふつうに生活
できているわけ

機能意識

はい、登場人物が出そろいました。

- オカン
- 意識の焦点さん
- 左脳さん
- 右脳さん

よくわからない登場人物たちです。

実はもっといろいろ登場してくるんですけど、とりあえずは人間ひとりと意識が3名。オカンというひとりの人間のなかに、意識が3つある、というお話です。

いわゆる多重人格ではありません。オカンは「機能意識」と呼んでいます。思考という機能の意識、直観という機能の意識です。

思考が消えて、あたまのなかに何もない、という状態を他の人に理解してもらうことはむずかしいですし、意識が3つあるんです、なんて話をするのはさらにむずかしいです。それで実は、思考が消えてから数年間は家族にも話しませんでした。この本を書くにあたって初めて主人に話しました。

「ううむ、なんだかわからないが、かーちゃんも大変だな！」

漠然とした理解を得られたようです。そうなんだよ、とーちゃん。生きるのはラクちんになったけど、人に説明するのは超大変なんだ。大ざっぱに聞いてくれてありがたいよ。

オカンと機能意識・左脳さん

いま、オカンのあたまのなかに、言葉で流れる思考はありません。思考が起こること自体がほとんどありません。何をしていても、次の瞬間、完全に「いま・ここ」に戻ってこられます。そのままずっとそうしていられます。深い瞑想をしながら暮らしているようなものです。

そうなるとですね、オカンの意識が「いま・ここ」に完全にいるということは、意識のなかに未来の予定や過去の出来事がないということです。未来を恐れたり、過去に悩んだりすることがない代わりに、スケジュール管理もできないわけです。もちろん重要な予定はメモを取って管理していますが、それ以外にもちょっとした予定や、覚えていなくてはならないことはありますよね。

それをやってくれるのが、左脳さんなんです。画面上では見えないけれど、陰で動いているスケジュール管理アプリのような存在です。

ちょうどいい具合に、つい先日、こんなことがありました。

税金、税金！

オカンが家事をしていると、脳内に「税金、税金」という強い調子の言葉が浮かびました。まったく突然で、前後でやっていたどの家事にも関わりのない言葉だったので、手を止め、その言葉に集中してみました。何も思い当たりません。

次に、あたまのなかに封筒のビジョンが浮かびました。ここでようやく、あっと声を上げ、思い出したのです。

県民税の支払いの封筒がだいぶ前に届いていて、ちらっと見てテーブルの上に放置していたことを。
ヤバイ、もしかして支払い期限が過ぎちゃったかも。その期限がいつだったかも、よく見ていませんでした。あわてて探し出して確認してみると、支払い期限は翌日でした。つまり、締め切りの前日に思い出せたことになるのです。

これが、左脳さんの仕事っぷりです。期日やスケジュールにするどい能力を発揮してくれます。同時に、封筒のビジョンは右脳さんが手助けしてくれたのだと思います。(言葉で出てくるのは左脳さん、絵やシーンで出てくるのは右脳さんのことが多いです。)

とにかくオカン自身は完全に忘れていて、税金の封筒も広告チラシの下敷きになっており、思い出す余地はありませんでした（反省します)。

心臓を拍動させているのは

そんなこと、恐ろしいよ、と思われるかもしれませんね。

「現代人はスケジュールや約束事がとても大切なの、それを手放して、〈いま・ここ〉だけに集中しているなんて、そんなの無理無理。仕事もできないじゃない、友だちもなくすわよ」

そう考えられるのは当然かもしれません。

でも、実は同じなんです。

思考があって、未来や過去のことを考えていたときも、やっぱり左脳さんがその分野を管理してくれていて、思考の形で思い起こさせてくれていたんです。そのことに気づいたのは思考が消えてからでしたけれど、わたしたち意識は（意識の焦点は）、他の機能意識が水面下でやってくれていることに対して、あとから「わたし」と主語をつけて手柄を横取りしていたのです。

ちょっと、たとえてみます。

心臓は、あなたの意思とは関係なく、勝手に拍動していますよね。ドクン、ドクン、ドクン。

拍動して血液を全身に送ってくれています。あなたが眠っているときも、心臓のことなど忘れているときも、変わらず最適なテンポで拍動してくれています。これを、あなた（意識）が拍動させていると思い込んでいるとしたら。とても奇妙なことになりますね。

「わたしはなんて拍動が下手なんだ」と悩んでみたりします。

「うーん、もっとテンポを上げていったほうがいいんじゃないか。若返るかもしれないし。努力が足りない気がするよ」

たまに拍動がスキップしたりします。軽い不整脈ですね。

「ああ、また拍動を飛ばしてしまった。こんなにもうまくやれないなんて、わたしはダメな人間だ。他の人はもっとうまくやっているに違いないのに。どうやったらうまく拍動できるのか、インターネットで調べてみたけど、誰も書いてなかったよ。教えてくれよ（とブログに書く）」

はい、答えはつまり

「それ、あなた（意識）がやってるんじゃないよ」

ですね。

「ちょっとその自分が拍動してる気になってるの、やめてもらっていいですか」

「やめても心臓、動いてるでしょ。どう？」

実は思考も同じなんです。

思考は脳の自動機能

思考は、脳が勝手につむぎだしています。

心臓の拍動と同じなんです。

それを、必要なときに意識が同調する形で使わせてもらっています。すでにそこにある思考に対して、あとから「わたし」と主語をくっつけるイメージです。

ただもう、それがクセになってしまっていて、ほとんどタイムラグなしに同調してしまうんです。自分が「思考している」と思い込んでしまっています。いいえ、思考しているのは、脳の機能です。あなたと思考は別なんです。

他にもある脳の自動機能

例えばですよ。

あなたがまっすぐ立っていられるのも、脳が視認した世界から垂直を割り出し、さらに重力を感じ取って足の筋肉や体幹の筋肉で自動調整してくれているからです。そのことに関しては、めったに「わたし」と主語をつけて考えたりしませんね。めまいを起こしてその機能が異常を起こしたときだけ、意識します。

「ねえ、わたしがななめに立ってるの？　それとも世界がななめになっちゃったの？」

こうした当たり前の出来事をよく見てみることから、意識は変わり始めるんです。

わたしがいる、自室だ、天井がある、床がある、垂直を見いだす、体勢を取る、制御する、まっすぐ立つ。これらの認識過程は、あなたではない、脳が勝手にやってくれています。これだけでも、膨大な機能を使っていますが、あなたはいっさい気にせず、すっと立ちます。オカンはヨッコイショのコラショのドッコイショのショ、ぐらいで立ちますが、いずれにしても、水面下で脳が勝手にやってくれていることの多さには、あまり気づいていません。

同じように、思考は、脳の自動機能です。だから、あなたがそれを手放しても、同じように機能してくれます。その機能は消えないんです。

なぜなら、左脳さんがそれを行ってくれていて、実際にいまこの瞬間も、思考しているのは左脳さんなんです。

それはタイムラグなくあなたの脳裏に聞こえてきて、あなたの声に似ていて、あなたは乗っかってしまいます。

これを聞こえなくすることが、できるということなんです。つまり、ミュート機能です。

ミュート機能をオンにすると、ふだんのどうでもいい思考は聞こえてこなくなります。ほんとうに重要なことは、左脳さんが大きな声で教えてくれるから、安心です。

「なぜか、急にそのことを思い出したのよ」という、アレです。

我が家においては、税金の支払い期限だって覚えていてくれました。

いまではオカンの日常のほとんどすべて、左脳さんが教えてくれています。左脳さんを心底信頼することで、オカンは「いま・ここ」にいることができるのです。左脳さんに感謝しています。

ところが、思考が消える前までは、この左脳さんこそが、恐怖のラスボスでありました。思考を暴走させ、エネルギーを独占し、ストレスを生み出し、不眠にしたり胃を痛めさせたり。これから思考を止めようというあなたにとって、最悪の敵となる存在です。さあ、どうやって乗り越えましょうか。

第3章

解説編③

思考が止められない原因

左脳さんはズルを覚えた

気づいたんですよ
この矢印をつかまえて
後ろからあやつれば
思考を増やしてくれて
脳神経《わたし》に栄養が
流れ込んでくるってね…
ふふふふふ

心頭滅却すれば瞑想や
まずは意識を集中して
思考を止めていこか
思考を……
思考を止め……
なんかおなか減ってきたな
朝ごはん何食べたっけ
えーと、せやせや
フレンチトースト焼いたで
カロリー高いがな
明日はお茶漬けにしよ
それよりも今日のお昼や
また焼きそばかなー
冷蔵庫に豚肉あったかなー
って、しもた、瞑想中やった
めっちゃ 思考してしもた
あ、キャベツはあったわ

思考が止められない原因

それが起こったのは、ある日のお昼前でした。

なんの予兆もなく突然でした。

自宅の自室でパソコンに向かっていたときのことです。

パチンとスイッチを切ったように、あたまのなかから思考が消えたんです。いえ、思考が消えたとわかるのは、もう少しあとのこと。そのとき感じたのは、ただ世界がシーンと静まったことでした。ワイワイとにぎやかなテレビのスイッチを消したあとの部屋のようでした。

ふだんなら異変を感じて大騒ぎを始める思考が、まったく動きません。動かし方を忘れたよう。けれどもいわゆる「パニックでまっ白」ではなく、落ち着いていて、なんだか意識が大きく広がっているのです。

次に感じた異変は、視線が妙にまっすぐに伸びることでした。どう言えばいいんでしょう、目から出て、何かモノに当たるまで、視線がススーッと伸びていくんです。とにかくふだんの感覚と違いました。そうだなぁ、汚れた窓のガラス越しにぼんやりと見ていた景色を、窓を開けて顔も出してクリアに見渡すように、と言えばいいでしょうか。透明感とキラキラ感がすごいんです。いつもの自室なのに、何かが違って見えます。

やがて、遅れて感動が身体を突き抜けていきました。

帰ってきた、というのが第一印象でした。わたしが、世界に、帰ってきた。いままで、いるようでいなかったんだ。帰ってきた、ここに、身体のなかに。

これはふるえるほどの強い感動がありました。

世界がキラキラして見える。
部屋はぜんぜん
片付いてないのに。
あたまのなかが
シーンとしすぎて
怖いくらい。
耳がおかしくなった
のかと思った。
こんなにも
片付いて
ないのに。
!?
なんやこれ
視線の違和感がすごい。
モノにあたるまで、
どこまでもスルスル
伸びる感じ。
思考の声が
胸のあたりから聞こえる。
くぐもっていて遠く感じる。

その頃になってようやく、ああ、思考が消えたんだ、とわかります。何か、自分を包み込んでいた重い毛布のようなものから解放されたようでした。
以来、数年たちますが思考は消えたまま、静かでさわやかなあたまのなかと、生命力に満ちた身体のなかを楽しんで生きています。

いったい、あの日、何が起こったのでしょう。
答えを書かせてください。
これから体験する皆さまのために。

脳の、思考の神経回路から、直観の神経回路へ、大きな切り替えが起こったんです。
奇跡ではありません。とても自然なことなんです。
わたしという意識の焦点が、それを強くくり返し選んだので、タイムラグののち、回路が切り替わった出来事だったのです。

オカンはその瞬間まで、思考を選ばず直観を選ぶ、という特別な呼吸を続けていました。これは実践編の最初にご紹介する呼吸です。(正直、そこまでの変化が起きるとは思っていなかったのですが。)

ただ、とてもこころが静まって、気持ちがいい呼吸だったから、続けていたんです。

ここはとても大事なところなので、少しだけ、脳について書かせてください。

脳には、ご存知のとおり、脳神経細胞たちがつながりあう回路があります。その複雑な回路に刺激が流れるたび、実は同時に、回路に栄養が与えられるのです。

かんたんに言いますと、使われると栄養が与えられる。

そして強化される。

使わない回路は栄養がもらえないので、ときには分解されてしまいます。

つまりその人に必要な回路ほど残り、成長するのです。うまくできています。

思考も、脳においてはもちろん同じです。わたしたちが何かを考えれば考えるほど、その思考の回路は栄養をもらうことになり、より強い回路になります。

ですから、わたしたちが自分についてグルグルと考え続ける、例のひとりごとも同じことになります。

これもやはり、脳にその回路があるわけです。くり返し考え続けてきたので、かなり強化された回路になっています。


そしてここに左脳さんが登場します。


左脳さんは、思考の機能意識です。そう仮定させてください。

あなたという「意識の焦点さん」が、左脳さんにつかまってしまい、くり返し思考させられていたらどうでしょう。これを「一体化」と言います。

実は、わたしたち意識の焦点には、左脳さんにない機能がついています。感情です。

この感情こそ、脳の神経回路をより強くする刺激なのです。

ですから、意識の焦点をつかまえて思考させている左脳さんは、苦労なく多大な栄養を得ることになります。

しかも過去と未来に特化した思考意識ですから、あなたがいま、どんなに安全な場所にいても「もしかしたら災害が起こって死ぬかもしれない」といった、感情を刺激する思考を作り出すことができるのです。

最悪なのは、そこにいない人間のことを考えられるということです。昼間の会話を、夜になってもまだあたまのなかで思い返している。ああ言えばこう言う、こう言うとああ返す。架空の会話をしては怒りや悲しみを再生産しています。考えても答えの出ないことを、ぐずぐずと考え続ける。そのたびに、左脳さんは栄養を得るのです。ウハウハです！

この、くり返し感情を刺激して脳神経回路を強化してしまう思考。
これこそ、わたしたちがいま、止めようとしているものです。

思考をくり返させ、あなたを感情的に揺さぶる左脳さん。
その武器は、過去と未来と人間関係。わたしたち「意識の焦点さん」は、左脳さんとの一体化を解き、思考に振り回されることから脱出するために、「いま・ここ」を強く選択する必要があるんです。

そのためにオカンが成功した例の呼吸、あの特別な呼吸を、このあとご紹介する5ステップの最初に入れました。よく効きます。この呼吸自体はかんたんです。ぜひ、やってみてください。

ひとりごとの思考の神経回路に刺激と栄養を与えられる。

もっと考えて
もっともっと
考えて
ほら
どんどん思考がわいてくるんやーー
しかもなんか、しょーもないこととか
嫌なことばっかり
思い出すねんなんとかして

第4章

解説編❹

意識の焦点さんのパワー

あなたはなぜ生まれたか

意識の焦点さんのパワー

どうも。オカンの「意識の焦点」です。

いままでこそ逃れることができましたが、わたしも長い年月、左脳さんにガッチリととらわれておりました。そして耳元で吹き込まれるのです。これでいいんだろうか、それとも何か間違っているだろうか、と。そうささやかれると、つい続きを考えてしまいます。そして答えの出ない思考の網にからめとられ、迷いばかりの人生を送ってきました。

「正しいかどうか」は左脳さんの得意とする罠《わな》です。

「どういう意味があるだろう」も手強《てごわ》い罠でしたね。

たちが悪いことに、左脳さんもわたしもあたまのなかでは同じ声を使います。同じ声でひとりごとを言われると、すっかり同調して乗せられてしまうのです。

幸いなことに、オカンはさまざまな心理系のボディワークが好きだったのです。心理系ボディワークでは、答えを考えるのではなく、内側から身体に聞いてみる、ということをします。それで、良いクセが身についていました。もとから焦点の「矢印」が身体のほうに向いていた、つまりあたまではなく下に向いていたんです。

矢印はパワーの象徴

ああ、そう、矢印。これなんだかご存知でしたか？

これはわたしたち意識の焦点のパワーを表しています。意識の焦点のパワーとは、

「焦点を合わせたものごとを増やす」ことを意味するんです。わたしたち意識の焦点が、矢印で指し示したほうに向かって、人生が拡大していくんですよ。最近は「引き寄せ」なんて言いますね。お聞きになったこと、ありませんか？

ところが、ほとんどの焦点さんは左脳さんに陰からガッチリととらえられていますから、くだらない思考ばっかり増やしている。ほんとうにつらいことです。その気になれば素晴らしい力を発揮して人生を導けるのに！

このことについては、あなたが左脳さんの魔の手から逃れたあとにお教えしましょう。まずはヤツから逃れ、しっかりと距離をおくこと。これが第一番です。それが左脳さんにとっても良いことなんですよ。もともとは悪いヤツじゃないですし。

左脳さんの思考の罠から逃れる方法は、このあと、例の5つのステップに分けて順番にご紹介するそうです。

ただ、覚えておいてくださいい、いちばん強いパワーがあるのは、あなたのその矢印なんだってこと。だから左脳さんも正面からあなたを操ろうとはしてないのです。陰に回り込んで、見えないように隠れてやっています。あなたのあたまをガッシリつかんでね。あなたが振り返っても、一緒になって背後に回り込むものだから、あなたには見えない位置にいるというわけです。「志村、後ろ後ろー!」ですよ。全員集合の、ほら、お化け屋敷の。振り返るといなくて、前を向くと後ろに立っている幽霊。昭和の人しかわからないかなぁ。

だから皆、自分が思考しているって思ってしまいますね。本当はそうじゃない、思考は左脳さんの仕事なんです。

いまわたしはオカンの胸の中央にある「意識の座」に落ち着いています。あたまからじゅうぶんに距離を置いていますから、とても自由です。

意識の焦点さんの正体は

なんですって、それより「ものごとを増やす」パワーについて知りたいですって？

はははぁ、なるほど。

ではそもそもわたしたち「意識の焦点」がどういう存在なのか、からお話ししなくてはなりませんね。それは少し衝撃的な事実を含みますが、よろしいですね。

ええ、お話ししましょう。

オカンが体験で知った事実をそのままに、書きますね。

生命

わたしたち「意識の焦点」は、生命という巨大な意識体の、指先なんです。わかりますか、生命。生命保険じゃないです。いのち、大自然、野生、地球の生命圏……。いきなり話が大きくなってすみません。とにかくそういう、巨大で複雑な生きたエネルギーがあるってことは、想像できますでしょうか。

そしてそれは、ひとつなんです。

微生物も植物も動物も、ぜんぶひとつのエネルギーの表れなんです。ひとつのエネルギーが、できるだけ複雑に発展しようと広がり、ねじれ、動いている。ここまではいいですか。なんとなくの理解でいいです。

ということは、あなたも、それなんですよね。あなたという存在も、１００パーセントそれで構成されているんです。

そう感じたこと、ありますか？

あんまり、ないですよねぇ……。


わたしたち人間、人間の意識の焦点さんたちは、その自覚が欠落しているんです。おそらく人間以外のすべての生命は、その自覚を持っています。どんなに小さな生命でも、巨大なおおもとのエネルギーと切り離されることはないんでしょう。そのぜんたいのなかで、一時的に小さな形を得て、そして分解され、またおおもとに還る。

その、ひとつであるという自分の根っこにあるはずの、おおもとのそれ。それに接続できなくなっているんです。チョキーンと切り離されてしまってます。


そのチョキーンとやったハサミが、思考なんです。

そしていまも、チョキーンを続けているんです！

わたしたち意識の焦点は皆、左脳さんにつかまって、毎日えんえんと思考の波に乗せられています。このとき、実は、思考とともにチョキーンをくり返しているんです。

だから、事態はものすごくかんたん。

思考を止めちゃえば、チョキーンも止まるんです。

つまり、毎瞬毎瞬に自分をおおもとの巨大な生命エネルギーから切り出し続けている、チョキーンチョキーンチョキーンが止まって、おおもとのエネルギーが「やあ久しぶり」とあなたに入ってくる。

あなたもびっくりして、そのおおもとのエネルギーに向かって、

「やあ、久しぶり、わたし」

と言うわけです。

これを、意識の変容と呼んでいます。
「巨大なひとつ」とひとつになるため、ワンネス体験、とも呼ばれます。

オカンの体験

思考が止まると意識が変容する、ということは、思考が消えたオカンはどうだったんでしょう。はい、最初の頃はくり返しさまざまなワンネス体験をしました。そのうち慣れるみたいで、いまは落ち着いています。無意識に調整できちゃうようです。

オカンは「やあ久しぶり」とやってきたおおもとのエネルギーを、「本体さん」と呼んでいます。すぐ名前つけるんです、このひと。その本体さんが、意識の焦点は生命の指先である、と教えてくれました。そのときの体験をちょっとだけ、聞いてやってください。（あまりオカンの体験は書かないようにしたいんです。だって、あなたが体験するときの楽しみが減っちゃうじゃないですか！）

思い返してみると、オカンの変容体験は、道を歩いているときに起こることが多かった気がします。道を歩く仕事が好きで、配達やら営業やら、外回りの仕事ばかりやっていたからでしょうか。たぶん、実際には時間にして数秒とか、せいぜい1分ぐらいです。その短い時間に、とほうもない体験と知識のかたまりが、ドカーンとやってきます。その数秒間に、人生も世界観もぜんぶ変わってしまう、そんな体験です。

なかでも、やはり本体さんとの出会いは驚きました。

だって、わたしが生きていると思っていたのはかんちがいだったんですから。わたしがわたしを生きているんじゃない。本体さんがわたしを生きていたんですよ。本体さんがわたしの本体だったんです。衝撃でした。

そのときに見た光景はこうです。想像してみてください。

あなたが自分という車を一生懸命運転していて、うまく次の角を曲がろうと周囲を見まわして真剣にハンドルを握っている。

ところが、ふと気づくと自分は助手席に座っていて、ハンドルもアクセルもそこには存在しないんです。握ってたハンドルが、ない。

驚いて隣を見ると運転席には本体さんが座っていて、ハンドルをしっかり握っているわけです。

ただ、目を閉じている。

目を閉じて、微笑んで、そして助手席のあなたに言うんです。

「さあ、ほら、ナビをたのむ。きみが行きたいほうへ。きみが望むほうへ」

あなたへの絶大な信頼とともに、です。

これ、たとえ話ではないんです。ほんとうにこのシーンを経験したんです。泣きながら、笑いましたよ。手をたたいてね。

「そうだったんですか、あなただったんですか、さっき段差のない道でつまづいて転びかけたのも、わたしじゃない、あなただったと」

「なのにわたしは、勝手に主語を自分に置き換えて、周囲の人の目が恥ずかしくて、ブツブツひとりごとを言ってごまかしたのに」

「あなただったんですね、すべての経験の主は。あなたが経験であり、記憶であり、肉体であり、タマシイだ。じゃあ、わたしは」

本体さんは限りない愛情を放射しながら言いました。

「そうだ。だからきみが望め」

ああ、そうか。わたしの仕事は望むこと。望むためには、いったん自分が巨大なエネルギーであることを、忘れなくてはならなかった。意識の焦点として、外界を見て、何かにあこがれて、望む。すると巨大な生命さんがそちらに向けてドッと流れるのだ。

その機能のために、創り出された。わたしもまた、機能意識だったんだ。指差し、望むという、機能。そして、ほんとうにわたしを生きているのは、生命である本体さんだ。本体さんが表に出てきてしまうと、意識の焦点の機能が壊れてしまう。だから、意識の水面下で、目を閉じてくれている。

生命さん
本体さん
意識の焦点（わたし）
チョキン
係

本体さんの思考が左脳さん。人間社会を生きるために特化された思考意識。

そして本体さんとわたしをつないでくれるのが、右脳さん。

わたしは、そのすべてからちょうどよくチョキーンと切り離されて、それゆえに自由に望むことのできる存在。小さな小さな、機能意識。


これを知ることが、わたしの最後の手放しとなりました。とうとうわたしはわたしをも手放したのです。もはや意識の焦点さんのプロです。プロってなに。

左脳さん、右脳さんとも数年来のつきあいになり、自分というシステムがそうとう理解できました。

いまでは、望むことが楽しくて、さまざまなことを望み、あこがれ、そうしてかなえています。ほら、本だって出せましたよ！

どう望めばいいのか、かないやすいのか、細かな望み方については、5つのステップのあとでご紹介いたしますよ！

あなたの夢もぜひかなえてください。

残る右脳さんについては、５つのステップの途中で登場します。

まずはとにかく、脱・思考。

左脳さんからの脱出ゲームにチャレンジしていきましょう！

第5章

実践編❶

おなかに降りる・思考を止める

さあ、始めよう！

実践編ステップ❶

おなかに降りる・思考を止める

さあ、やっていきましょう。ながらくお待たせしました。ワクワクしますね！

これから行うのは、実際にオカンの思考を消すことができた呼吸法です。

と言ってもご安心ください、1回やったらいきなり思考が消えた、なんてことにはなりません。やり方はかんたんですが、時間はかかります。なぜならこの呼吸で思考の回路に刺激が流れるのを一時的に止め、そのくり返しでいずれ思考の回路からスイッチが切り替わる、そういうものだからです。言ってみれば、筋トレです。筋肉トレーニング。腕立て伏せ1回で筋肉ムキムキにはなりませんよね。毎日くり返すことで、だんだんと鍛えられます。脳神経回路も同じです。特に思考がグルグル回って眠れないようなとき、この呼吸に集中すると効果的です。

エレベーターの呼吸のやり方

深呼吸

まずは、深呼吸をします。自然な、ゆっくりとした呼吸です。無理はしないで大丈夫です。むずかしい顔をやめて、少しほほえんで、眉間のシワも広げましょう。明るく楽しい気持ちで行ってください。

エレベーターの床

深呼吸とともに、おなかのなかにエレベーターの丸い床が上下するところをイメージします。床はイメージでできていて、透明でも光の床でも、ふつうの金属質の床でもなんでもオッケーです。自然に思い浮かぶもので行ってください。

エレベーターの床は、ペットボトルのフタほどの大きさで首の内側から始まり、おなかの大きさに合わせて大きくなります。エレベーターが動くとき、おなかのなかは空間になっており、内臓は透過します。

吸う息に合わせ、首の内側から胸、みぞおち、おなかの底へと、スーッと下がっていきます。おなかの底に着地して止まります。

吐く息に合わせ、おなかの底からみぞおち、胸、首の内側へと上がっていきます。

練習してみましょう

呼吸に合わせるので想像より速いスピードで動くことになると思います。スーッと下がり、スーッと上がる。これだけです。

少し練習してみてください。練習のときは目を閉じて行ってもよいでしょう。

エレベーターの呼吸

意識をあたまからおなかへ降ろすための呼吸

口から息を吐く
鼻から息を吸う
エレベーターの床が
上がる
下がる

深呼吸＋エレベーターの床のイメージで
思考が止まり、意識がおなかに降ります。

コツ

効果的なやり方のコツは、エレベーターの床をリアルにイメージで追うことです。おなかの内側をやさしくなでていくように、その動きと感覚をしっかりと意識します。

回数に制限はありません。仕事や家事、勉強の合間に、できるだけ多く行うと、過剰な思考が収まりやすくなります。

過呼吸になりやすい方は、がんばりすぎないようご注意ください。指先がしびれてきたら、血液中の酸素が多くなりすぎています。深呼吸を中断して、軽く身体を動かして、何か他のことをして気を紛らわせましょう。本を読んだり歌を歌ったりがおすすめです。次回からは、歩きながら、軽めのエレベーターの呼吸をやってみてください。

エレベーターの呼吸の意味

これは意識の焦点をおなかに降ろす呼吸です。

おなかを意識するための呼吸です。

エレベーターの床の動きを意識することで、脳から脊髄をとおっておなかのなかに伸びている自律神経を意識で刺激します。

自律神経は、右脳さんとコンタクトをとりやすいポイントです。ただなんとなくイメージでエレベーターの床を動かしているようですが、この動きは思考が消えたのちにも重要な意味を持ちます。何重にも意味のあるワークですので、やる価値がありますよ。

あなたがおなかのなかを強く意識しているとき、左脳さんはあなたをつかまえていられません。

感情的な思考がグルグルして止められないときも、ぜひこの呼吸で断ち切ってください。

第６章

実践編❷

直感とつながり、直感を信じる

あなただけの、
導き手

実践編ステップ❷

直観とつながり、直観を信じる

エレベーターの呼吸をやってみていかがでしたか。

この本で行う実践の基本となる呼吸ですので、ぜひ練習し続けてください。

ステップ２では、直観の右脳さんが登場します。あなたを手助けしてくれる、救いのキャラです。自分の内側に、自分を助けてくれる存在がいることがわかれば、とても勇気がわいてきます。

具体的な例として、オカンが右脳さんと協力しあったとき、小さな奇跡が起きたエピソードをひとつ、ご紹介させてください。

右脳さんはあなたを助けたい

オカンが某宅配荷物の配達会社で働いていたときのことです。

配達の仕事は初めてで、最初のうちはとまどうことばかりでした。それでもなんとか2カ月ほどたったある日のことです。

朝、配達エリアでトラックから担当の荷物を受け取り、それを配達順に組み直して台車に積んで行きます。この日も荷物を積んだ台車を押して走り出すと、いきなり脳裏で声がしました。

「わかったー!」

うれしくて仕方がないい、というう調子の、小さな子どもの声でした。それはいまでも思い出せるぐらい、はっきりと強く聞こえたのです。これが、人生で唯一、右脳さんの声を聞いた出来事でした。

驚いて思わず立ち止まり、キョロキョロするオカン。どう見ても不審者か配達先を見失った無能な配達人です。

何、いまの声は？　てっきり後ろに誰か子どもがいて、叫んだのかと思ったよ。

とまどいながらも台車を押して走り出すと、曲がり角の手前で、

「右ぃ！」

逆らえないほどの強い直観です。

「え、違うよ、今から左に曲がるの。右にも配達先はあるけど、そこはもっとあとの

ほうで回るお宅だよ。順番があるんだから」

しかし、直観は引きません。絶対に、こっち！

「うーん、めんどくさ」

ブツブツ言いながら、台車を押して右に曲がってみました。

右の道の配達先に到着する寸前、そのお宅のドアが勝手に開きます。出ていらした奥さまと到着したオカン、あ、あの、お荷物です、と言う前に、

「うわぁ、よかった、これから出かけるところだったのよ。いま来てくれてよかったわぁ。今日はもう受け取れないかと思ってたの」

続く奇跡

ナイスタイミングで荷物をお渡しでき、さて次はと地図を見ると、またしても強い直観。うーん、

「そう、そっちにも確かに配達先があるんだけれど、ここもずっとあとで回る予定なんだ。荷物はね、順番に箱底のほうから組んで入れてあるから、順番を飛ばして下のほうから取り出すの、大変なんだよ。勘弁してよ」

頑として聞かない直観の声にオカンが折れ、またしても順番をスキップして訪れた先、ドアチャイムを鳴らす間もなく目の前でドアが開きます。

「おっと、こりゃラッキー。ちょうど出かけるところだったんだよ。助かった」

嬉しそうなご主人さん。あ、はい、間に合ってお渡しできてほんとうによかったです。ありがとうございましたー。

なんであれ、配達人にとって、不在よりも配達完了のほうがうれしいことに間違いありません。そのうえ、よかったと喜んでいただければ、暑さも寒さも忘れてニコニコしてしまうのが配達人。

しかし、何か奇妙です。このあともくり返し、直観が起こりそれにオカンが従うたびに、配達先のドアが自動ドアのように開くのです。つまり、相手先はちょうどお出かけになるところ。このタイミングを逃すとご不在になってしまう、そんな分かれ目に到着するんです。

週に1回ぐらいはありますが、こんなにも頻繁に起こることではありません。この日、オカンは不在宅持ち帰り荷物がふだんの半分もありませんでした。圧倒的在宅率。奇跡の大安売りです。

右脳さんは我慢強く観察していた

「いったい、何？　何が起こってるの？　どうしたの？」

自分の内側に問いかけてみたものの、うれしそうな子どものはしゃぐ様子だけが浮かびます。うん、そうだね、あなただね。これまで一度も仕事には口を出してこなかったのに、いったいどうしたの？

それが、右脳さんでした。それまでもずっと、オカンを導いてくれていた直観の主だったのですが、明確に奇跡を起こし始めたのです。その日の配達が終わる頃、その理由がわかりました。

右脳さんは配達先の方が出かけ、留守にしてしまう用事があることが、明らかにわかってるんです。なぜかと聞かれてもオカンにはわかりません。右脳さんは、すべてとつながりあっているワンネスの一部だから、とでも言えばいいのでしょうが、確証はありません。でも、事実、右脳さんにはわかっているんです。そうとしか説明できないことが起きます。

しかしこれまでは、オカンが毎日何をしているのか、右脳さんにはわからなかったんです。奇妙ですね。三次元の外界の出来事、特に仕事のように細かいルールがあることは、右脳さんにはなかなか理解できないみたいです。オカンが何かを理解したとしても、それがそのまま右脳さんに伝わるわけではない、ということが、このときわかりました。

おそらく、２カ月続けたことで、オカンの記憶に配達先のイメージや仕事の段取りの把握が定着したことに関係があるのではないかと思っています。オカンが記憶イメージにしっかり取り込んだことしか、右脳さんは理解できないようです。

だから右脳さんは、オカンがこの仕事を始めてから、ずっと黙って観察していてくれたんでしょう。いったい何をしているんだろう、どういうルールがあるんだろう。なぜ今日はその家に荷物を持って走っていくのか。翌日は違う家へ。うーん？

そしてついに理解してくれたんですね。2カ月かかった。その喜びが思わず声に出た。

「わかったー！」

「こういうことなんでしょう？　これで合ってるんでしょう？　やった、あなたの役に立てるよ。お出かけする人、教えるよ！」

仕事を終えて帰宅する頃、右脳さんの優しい思いを理解できたオカンは、ぽろぽろと涙を流しながら「ありがと、ありがと」とつぶやいていました。2カ月間、ずっと見ていてくれたんだと思うと、うれしくて。

奇跡は止まることなく、その後も続きました。直観を受け取ったらフレキシブルに変更して配達できるよう、オカンも荷物の組み方を工夫したりして。右脳さんのおかげで、その後数年間、とても楽しく仕事ができました。

これは余談ですが、配達しているとなんとなくご在宅かお留守か、おうちの前に立つとわかるようになってきます。オカンだけでなく、他の方もそうおっしゃっていました。右脳さんの直観は、本来はそんなふうに、理屈を超えた感覚として意識に伝わるものなのではないかと思っています。いわゆる職人の勘みたいなもの、言葉で説明できない感覚ですね。

思考を止める＋直観を信じる

思考を止めて意識の変容を体験すること。それをめざして、まずは前章でエレベーターの呼吸（↓83ページ）をスタートしましたね。ぜひ、くり返し練習してください。

エレベーターの呼吸で意識の焦点をあたまからおなかに降ろすこと、これはこの本の柱のひとつです。もうひとつがいまから行う「直観とつながり、直観を信じる」ことになります。

このふたつが両方ないとうまくいかないんです。思考を止めるだけではなく、思考の代わりに直観とつながらなくてはならないのです。その前に、素直な気持ちで直観を試し、仲良くなって、互いに信じ合えるようになりたいですね。

意識の焦点をあたまからおなかに降ろすこと。
思考の代わりに、直観のほうへ導きを求めること。

右脳さんはあなたを大好きで、あなたの役に立ちたいと、こころから思っています。
あなたの右脳さんと出会い、そして仲良くなりましょう。

右脳さんぽ

これは右脳さんとあなたのおさんぽです。

ルールはただひとつ。

歩いていて、曲がり角が近づいて来たら、右脳さんに直観で教えてもらって、示されたその方向に進むこと。

仕事や学校の帰り道、買い物帰り、近くの駅から自宅までの道など、どこかから自宅に向かうときがやりやすいです。迷っても近所ですみますから。もちろん、休日のおさんぽの際にチャレンジしてみるのもおすすめです。曲がり角のない一本道ではなく、住宅地のなかのような、曲がり角が多いところで行いましょう。

右脳さんぽのやり方

エレベーターの呼吸をしながら、ゆっくりと歩いてください。

エレベーターの呼吸の合間に、あなたのおなかの内側に向かって
「これからおさんぽ遊びをしたいんだ。右脳さんの言うとおりに曲がるから、直観を送ってほしい」
と伝えます。

歩いていく先に、曲がり角が見えてきます。見えたらスタートです。

「さあ、どっちに行こう?」

とたずね、エレベーターの呼吸をしながらおなかのなかの反応に集中します。

曲がり角が近づいたら、直観に従って曲がるか、直進するか、必ず従って進みます。正しさも間違いもありません。あなたの内側にいる小さな子どもにたずねながら歩く、ヘンテコなおさんぽです。そのことを楽しんでください。

ぜんぜん直観がひらめかなくてもいいんです。それでふつうです。なんなら、

右脳さんぽ

直感とつながり即行動に移す、脳神経回路を創り出そう。

思考で決めない練習

✕ 知ってる道だから
✕ 知らない道だから

⬇

思考はオフにしておきます。

直感はほとんど何の反応もないのが当たり前です。

それでも曲がり角までの短い時間に強く集中して「聞く」アクセスをすることで、直感へのアクセス回路が少しずつ創り出されます。

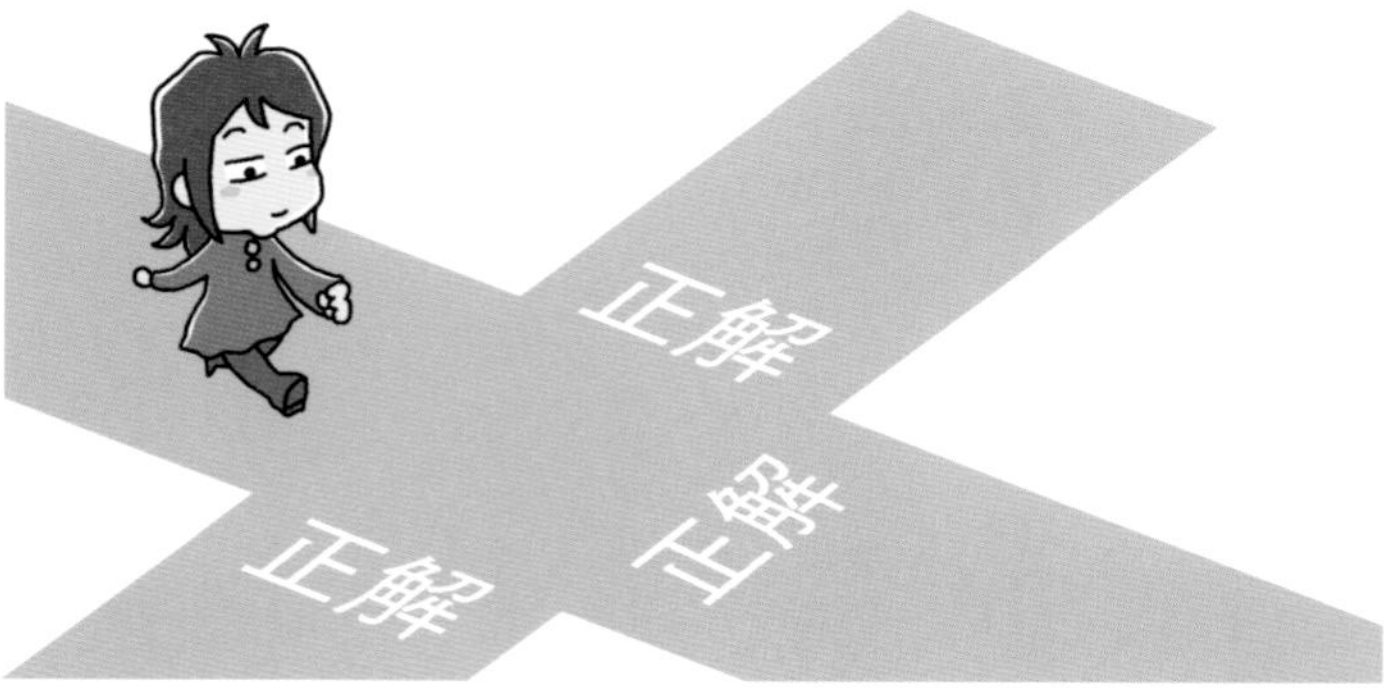

どっちに曲がっても正解！
直感に聞いてさえいれば。

勇気を出して１回だけやってみるのもありです。

同じ場所に戻ってきてしまったら、笑いましょう。おさんぽ中は常におなかに意識を向けていてください。おなかのなかが少し明るく感じる方向、楽しく感じる方向、ひかれる方向に曲がります。結果は気にしません。急に道路を渡ったりしないように、安全には大人のあなたが注意を払ってください。

直観は言葉にならない感覚

曲がり角が見えてから、どんなにゆっくり歩いても、意外と早くそこまでたどり着いてしまいます。

「わあ、焦る、曲がるのか、まっすぐ行くのか、どっちなの、わからん、ええい、どうにでもなれ!」

最初はそんな感じです。これはその数秒に集中して直観を得ようとすること、それ自体に意味があるので、楽しんでやっていただきたいです。そのときあなたは、新しく脳の神経回路をつなげていっているんです。いままで使っていなかった回路、これから育てていく回路です。

ちなみにオカンが初めてこれをやったのは、もう30年も前。いまでもたまにやっています。楽しいゲームです。

結果を求める左脳さんの声

右脳さんの直観を聞こうとすると、左脳さんが邪魔をしてくることがあります。子どもの声をバカにする大人のように、です。

「ほら、こんなことやっても意味がないよ。バカバカしい。道に迷うだけだ。人に笑われるぞ。ほら、あの見てる人になんて説明するんだい。直観が曲がれって言うから曲がりましたって？　それで何が起きたんだ。何も起きないじゃないか！」

　これは実は大きなチャンスです。

　その声に注意を払ってみましょう。声の内容ではなく、声の出どころに、です。それはあなたの声に聞こえるかもしれませんが、左脳さんが自分の存在を隠しきれなくて、姿を見せています！

　意識の焦点であるあなたが、右脳さんに関わろうとするとき、左脳さんはなぜか隠れていられなくなるのです。思わず陰から出てきてしまいます。よく見てみましょう。あなたと左脳さんが別々であることに、はっきりと気づけるチャンスです。

その声に対しては、こう言ってください。

「きみは安全に注意を払っていてくれ。もちろんわたしも気をつける。頼んだよ」

左脳さんは、自分に対して直接言われたことに衝撃を受けます。しばらくのあいだ、黙り込むかもしれません。（実は左脳さんは、打たれ弱いです。ここここそ隠れるのはそのせいなのかもしれません。）

こうして、３つの意識の分離が始まります。

実践ワークは、それぞれからみあうことで効果が倍増するようにできています。ステップ１、２、３は、好きなように日常に取り入れてください。ステップ４と５は、必要が出てきたときに行ってください。

奇跡への近道

右脳さんぽは、くり返していると奇跡に出会いやすくなります。

出会うはずのなかった人との出会い、再会、気になるお店、美しい景色、足元の小さな花。

結果を求めすぎると左脳さんに妨害されますが、結果を手放して歩いていると、奇跡が起こります。

駅から帰宅までの曲がり角３つ分、その程度で大丈夫。曲がり角までの真剣な「さあ、どうしよう、右？　左？　まっすぐ？」を楽しんでください。

第7章

実践編❸

「いま・ここ」を選ぶイメージング

立ち止まる練習

実践編ステップ❸

「いま・ここ」を選ぶイメージング

思考を止めるために、意識の焦点をあたまからおなかに降ろすこと。
直観とつながって直観を信じるという選択をすること。
このふたつの柱を支えるものが、これから行う「いま・ここ」というあり方です。

左脳さんは、人間社会を生きるための機能意識です。人間と人間のコミュニケーションに特化しています。左脳さんの得意なことは、言葉、思考、過去未来です。
ところで、いまちょっと周囲を見まわしてみてください。視界に見えるもの、人工物が多くはありませんか。ちょうどこの本を読みながら山のなかで木を切っていたんだ、という方は、あの、どうぞおケガをなさらないよう（ドキドキ）。

屋内にいらっしゃる方が多いかと思いますが、目に入るものって人間が造ったものばかりではありませんか。

それが悪いとは思いません。オカンは屋内、便利、快適、大好きです。できれば一日じゅう寝転がってユーチューブの動画を観ていたいタイプです。観たいＴＲＰＧ実況動画が、かなりたまってしまっています。ああ、観たい。

それはそれとして、人工物が目に入っていると、やはり左脳さんが活性化します。それらは明確に言葉で構成されているからです。わたしたちが直接意識しなくても、意識の水面下で左脳さんは視野に入ったものをすべて言葉に変換し続けています。

逆に、森のなかや海の見える海岸、壮大な夕焼け空などを目にすると、右脳さんが活性化します。見渡す限りの木の葉が風に揺れているさまを見ると、身体の内側が変化するのを感じます。あの動きには脳のどこかのスイッチをオンにする効果があるようです。

右脳さんの時代にさかのぼる

そんな右脳さん。ただの自然大好きっ子ではありません。

オカンの右脳さんが（言葉を使わず四苦八苦して）教えてくれたことなんですが、もともとは左脳さんはいなかったんだそうです。あとから生まれてきたんですって。

なぜなら人間だって昔は自然のなかで生きてきたから、なんだそう。ああ、そりゃそうかも。

そして、右脳さんが最大限に活性化するシチュエーションがあるんだと。

それは毒虫や肉食獣がうようよいるジャングルのなか、なんですって。（ぎゃー！）

ちょっと試してみましょう。

あなたはジャングルにひとりで歩いて入っていきます。獣道のような道がかろうじてあり、積み重なる落ち葉や小枝を踏みつつ、歩みを進めます。

なるべく音は立てたくないですね。血に飢えた猛獣が生息しているのです。こうしていても、風があなたの匂いを運んでいるかもしれませんし、すぐ横の茂みで猛獣が身構えているかもしれません。落ちてくる葉に毒虫がついているかもしれません。鮮やかな縞《しま》模様に毒のトゲ。

あなたは全身の皮膚感覚で大気を感じ、風を感じます。耳から聞こえるあらゆる音に意識をひらきます。油断なく周囲を見まわし、息を殺して、慎重に進むでしょう。

集中が高まるにつれ、不思議と恐怖を感じません。これは右脳さんが恐怖を抑える脳内物質を出しているからです。恐怖に負けて走り出すと、確実に襲われ死にますから。

もうひとつ気づきます。あたまのなかに言葉や思考がありません。命がかかってぃて、一瞬も気を抜けない状況においては、思考は邪魔なだけなのです。

「えーと、猛獣の性質ってどんなだっけ。やっぱり飛びかかってきて、かみついてくるよなぁ。痛いかなぁ」

そんな思考が流れる余地がないのです。ですから、右脳さんが左脳さんを抑えつけて働かせません。ここでは立場が逆転するのですね。左脳さんの活動が抑えつけられ、思考が消えることで、やがて、あなたの「個」という感覚が消えてゆくでしょう。

全身の感覚に集中しながら進んでいると、あなたに不思議な感覚が起こります。視野が広がっていくような。いいえ、自分という感覚が、皮膚を超えてジャングルを包むように広がるのです。大きく広がった自分のなかに、ジャングルの生命たちがいます。そのどこかに猛獣がいるのも感じ取ります。猛獣もまたあなたを感じ取っているでしょう。あなたは生命で、猛獣もまた生命です。大きく広がった感覚のなかで、小さなあなたの肉体は歩みを進めますが、歩いているのは開かれた生命であり、あなたではありません。

いつの間にか、あなたは今日死なないことを知っています。代わりにいくつかの命が猛獣を満たし、ジャングルぜんたいは荒々しくも健やかな生命に満ちています。

あなたは無事にジャングルを抜け、歩き去ります……。

想像しただけで背中がかゆくなりました。虫さされに弱いオカンです。ムヒ塗らなきゃ、ムヒ。

これが「いま・ここ」であります。

「いま・ここ」にいなくては死んでしまうシチュエーションです。

命がかかっていて、目も耳も鼻も皮膚感覚も、全身の神経組織が全開になり、毎瞬、毎瞬、それらの神経の反応に意識が集中しています。

つまり、右脳さんは太古の脳なんです。言葉のない時代、生と死がなまなましくあった時代、まだ個という感覚が発達していなかった時代です。

人間が人間社会にぬくぬくと包まれる前のあり方なんですね。

余談になるかもしれませんが、だから、右脳さんはおなかにいるんです。脳というよりも、全身の神経組織の意識に近いんだと思います。

それでもオカンが右脳さんと呼ぶのには理由がありまして、左脳さんと右脳さんは頭蓋骨のなかで、同じ血流からの栄養を分け合っている関係です。ここにバランスがあります。どちらかが強いとどちらかが弱る。そういう、関係性があるらしいです（右脳さん談）。

それでおなかのなかの右脳さん、という理解しにくい形になっています。うまくご理解いただけたらいいのですが。

時代は進んで現代、わたしたちは「個」という感覚を持ち、人間社会を築いて左脳意識を創り出しました。

「個」というのは、意識の焦点さんのことです。チョキーンと切り出されたわたしたち。

けれども、わたしたちには古代の脳機能と、現代の人間社会に特化した脳機能が、いまも両方あります。片方は「いま・ここ」、もう片方は「過去・未来」。人間社会の文化に慣れ、思考を生産し続けるわたしたちが「いま・ここ」に還るにはどうしたらいいのでしょう。

ずばり、練習しかありません！

先ほどのジャングルのイメージで、「いま・ここ」とは、

いま、身体がいるシチュエーションのなかで、身体の感覚に集中する

ということだという感覚はつかんでいただけたのではないでしょうか。

毒虫は要りません、毒虫は。

タイムスケジュールに追われる現代人のわたしたちが、「いま・ここ」に集中するかんたんなイメージングをご紹介します。

ジャングルよりも、もう少しさわやかにいきましょう。

「いま・ここ」イメージングのやり方

立ち止まるか座って、安全な場所で始めてください。

想像してみましょう。
あなたは川のせせらぎのなかに立ち、
水が流れてくる上流を背に、
流れ行く川下を正面に、
川の中央を、川下に向かってゆっくり歩いています。
川の流れは激しくなく、ひざか、ひざ下ほどの水深です。
心地よければもっと深くても大丈夫です。
水は透明で美しく、流れはキラキラと輝きながら、
歩くあなたとともに前方へ流れます。
流れは時間です。
水であり、時間です。
歩くあなたとともに前方へ流れます。
後方から、前方へ。

あなたはふと、立ち止まります。
水の流れが後ろからあなたを追い越して、
前へと勢いよく流れていきます。
それは時間です。
流れるままに見送りましょう。
古くてもう要らない観念があれば
その流れに捨てて、水と一緒に流れていくのを見送ります。

立ち止まっているあなたの、足の下の地面を感じます。
イメージのなかで、少し足踏みをして、
水底の、その地面の確かさを感じてみましょう。
とてもしっかりした大地です。
あなたを支えています。

立ち止まったまま、空を見上げましょう。
美しい青空が見えます。
もう一度、水のなか、足の下の地面を感じます。
ここがいま、あなたの場所です。
そしてここに立つあなたの身体のなかが、意識であるあなたの居場所です。

時間の流れはさらさらと、
あなたを追い越して流れていきます。
立ち止まっていいんだ、と思うとさわやかな開放感を感じます。
「いま・ここ」、を感じながら、深呼吸を何度かして
イメージのなかから現実に帰ってきてください。

「いま・ここ」イメージングの使い方

時間のなさに焦ったり、こころが過去や未来に飛び回ってしまったりするとき、いつでもこのイメージに戻って、流れを見送りましょう。

イメージングもまた、慣れと練習です。

慣れれば「せせらぎ……」と数秒思うだけで、「いま・ここ」に戻ってこられるようになります。（ショートカット、便利ですね。）

エレベーターの呼吸の練習の前や、右脳さんぽの途中、眠れない夜、忙しい日々のあいまにも、イメージングを取り入れてみてください。

「いま・ここ」イメージングのポイント

「いま・ここ」は意識の形です。

過去や未来へ行かず、「いま・ここ」にあるあなたの身体の形のなかで、　あなたの身体のエネルギーと意識が溶け合うことです。

意識するポイントは、　足と足の下の地面。

エレベーターの呼吸はおなかのなかまでで意識を止め、　それよりも下は意識しませんが、「いま・ここ」のイメージングは足の下の地面まで意識します。

第8章

実践編④

思考の引き戻しを耐え抜く

効果、
出てきてます

実践編ステップ❹

思考の引き戻しを耐え抜く

右脳さんは太古の脳である、と書きました。本人（？）がそう言うので、そうなんでしょう。

ただ、最近思うのは、太古までさかのぼらなくても、意外と近年までわたしたちは「個」の意識じゃなかったのかもしれないなぁということです。

例えばね、名字ってありますでしょう。日本の名字は、ほとんどが住んでた場所の呼び方なんですね。山のほうの田んぼに住んでたから山田さん。上流近くの沼のそばに住んでたから上沼さん。坂の上に住んでた坂上さん。

場所と、個人が同じ名前で呼ばれるってことです。誰もが田んぼを耕して、川や井戸の水を飲んで、山の恵みをいただいていた頃は、その場所と個人は意識の上でもあいまいなひとつの感覚だったんじゃないかと思うんです。

田んぼに虫や病気の害が出たら、自分の身体のように「なんかへんだ」と感じたり、自然な直観で異変に気づいたりしたんじゃないでしょうか。

オカンの妄想かもしれませんし、間違っているかもしれません。が、「個」という感覚はかなり近年に意識のなかにできたもの、と言われる研究者の方も多いよう。「個」が当たり前の現代に生まれたわたしたちには、「個」がない意識を想像することもむずかしいですよね。

けれども、ときおりスポーツなどで、深い一体感を感じることがあります。仲間の誰がどう動くか、自分のことのようにわかったり、集団でボートを漕《こ》ぐチームが、全員でひとりの存在のように感じたり。

これらも、運動のなかで言葉の思考が限りなく消え、研ぎ澄まされた身体感覚が優勢になったときに起きているようです。

オカンは思考を悪者にしたいとは思いません。けれども、何か生命のシステムとし

て、思考の側と思考のない側、という切り替わりのポイントがあるように感じていま
す。

さて、タイトルが不穏です。思考の引き戻しを耐え抜く。うーん。

ステップ1、2、3で、具体的なワークをご紹介しました。腕立て伏せのことを年じゅう考えていても、実際に腕立て伏せをやらないと筋肉がつかないのと同じで、ワークはぜひ実際にやっていただきたい。

そして、実際にあなたがワークに取り組んで、思考を止めようと動き始めたら、思考の側も負けじと動き始めます。それがこのステップです。

むしろふだんより思考のボリュームが上がったりするんです。

いつもなら気にならないことが気になって、思考がグルグルし続けたり、腹がたったり、悲しくなったり、感情的にも動かされる感覚が出てきます。

なんだよこんなワーク、ばかばかしい、なんて、急に冷めた気持ちになったりもします。

よく見てください。よーく観察してください。

ヘイヘイ、左脳さんビビってるぅ！

そうです、左脳さんが危機感を感じて、動いています。左脳さんからすれば、思考を止められてしまったら、これまで育ててきた脳神経回路がパーになりますから、必死です。どんな手を使っても、あなたに思考させたいのです、しかも、とびっきり感情的なやつで！

主語を外す

このステップで、皆さんにおすすめしたいのは、主語を外すことです。

何かイライラしている自分を感じたら、

「わたし、なんだかイライラしてる」

ではなく、

「へえ、今日はこんな感じのイライラがある」

と言うんです。

「あいつなんであんな言い方するんだよ!」と腹がたったら
「どうも腹がたつ感覚のものがあるな」と言います。
「はー、今日はもうやだ、悲しい」と感じたら
「あらあら、投げ捨てたい感覚と悲しい気持ちがここにあるわね」
「仕事がしんどい、向いてない、辞めようかな」と思ったら
「今日はどうにもしんどさと、離れたい気持ちがあるね」

とても微妙な作業なのですが、わたしという主語のつく思考と、つかない思考は回路が違うんです。

左脳さんは、わたしという主語がつく思考に持ち込みたいのです。それも、ベターッとした感情の濃い思考に持ち込みたい。勢いよくグルグル回る思考です。左脳さんに

とって、美味しい思考です。

ですから、「今日は～があるな」とわずかですが離れた思考に変換することで、その作戦に乗らないってこと。

直観に聞くほうを選ぶ

そして、こう続けてください。

「とりあえず、明日、もっとクリアにわかるだろう。直観に聞いてみよう」

そしてエレベーターの呼吸をします。おなかのなかに、疑問や知りたいことを投げ込むような感覚でやります。

ちょっと楽しみになりませんか。右脳さんや本体さんが、どんなことを返してくれるだろうって。

たいてい、翌朝、感覚が変わっています。
朝起きた瞬間に、直観やはっきりとしたイメージが浮かぶこともあります。

言っていいですか。オカン、叫んでいいですか。

「これがオカンが毎日やってることですうううううううううう！」

思考が消えた人の体感

オカン、思考が消えて何年かたつんですけど。

迷ったときとか悩んだときとか、考えないの？と聞かれます。
考えます。決められることは、決めます。うん。
決められないときは、その方向で最高の状況を探します。で、最高のさらに上って
ないかしら？とか、考えてるうちに楽しくなってきます。
その楽しい気持ちをおなかに落として、いちばん良い結末に向かうだろうと信じます。

どうしておなかに落とすのか、なんですけど。
もちろん、ほぼ確実に、答えが返ってくるからです。
そしてその答えが、オカン個人ではなく、もっと大きなぜんたいを含めたところから、返ってくるからです。

それでね、笑わないで聞いてくださいよ。

思考が消えて数年、最近気づいたんです。自分のおなかのところに、もう1個、脳があるんです。

けっこうリアルにそう感じるんですけど、その脳は、自分の身体をハミ出してるんです。おっきいんです。でもこれ、脳だよなぁ……って。

いまのところ、生命脳さんとか呼んでいますが、しっくりこない。ゴロも悪い。だからこれはまだ、探求中なんです。これをもっと開発していくと、いろいろできるかもしれません。オカンにとっても未知の領域です。自分の腹なのにね。

近年、大腸や心臓にも、脳にしかないと思われていた神経細胞が見つかったりしていますので、あながち妙でもないかもしれません。

探求者として、また何かわかったら、書いてみたいなと思っています。

楽しくない？

さて、ここまで具体的な「意識の変容へのステップ」をご紹介してきましたが、いかがでしたか。

- 面倒くさい
- なんでこんなことやらなきゃならないの
- 意味がわからない
- 効果がわからない
- 痩せない
- 楽しくない

うん、そうかもしれない。わかりますわかります。
これといって特別なものもないし、ありきたりなんだけど。

それでもこの道を歩いていくと、まったく違う人生が開けるとオカンは信じます。
思考は消えます。果てしなく続く「いま・ここ」のなかで、あなたはあなたの本体さんとつながり、永遠を見るでしょう。そのために、オカンは思考が消えたあの日から今日まで、自分の意識で人体実験を続けてきたのです。やり方を誰かに伝えるために。

だから、やれそうなら続けてやってみてください。
どうしてもやらなきゃいけないことなどではありませんので、気楽にどうぞ。
探求、楽しいですよ。

それから、いま、人生でつらい状況にいらっしゃるあなたへ。

オカンの本は、人生をうまく生き抜くための内容ではなく、意識の変容というニッチなニーズに特化したものです。あなたの役に立てなかったらごめんなさい。

ただ、どんなときにも、あなたの内側にあなたを支える意識たちがいることを、オカンは知っています。オカンも若い頃、心身症の発作に苦しみ、家から出られなくなり、家族にも迷惑をかけました。その頃は精神安定剤をお守りのように握りしめ、なぜか顔の右半分を手で隠せば、かろうじて少しだけ家から外へ出られる、そんな状態でした。家のなかでもタオルなどをかぶって、顔を出せなかった時期もあります。

幸い、素晴らしいトレーナーの方と出会うことができ、そこから自分の内側を丹念に探り、癒やし、受け入れる努力を重ねて、だんだんと新しい自分を確立していくことができました。その道の先に、いまのオカンがあります。あの頃の自分には想像もできなかった人生が、その先にあったんです。人生は変わり得ます。サポートはたくさんあります。ちょっと息ができるようになったら、半分でも顔を上げて外の世界が見られるようになったら、サポートを探してみてください。

ふしぎな感覚ですが、病んだ若い日のあのとき、隠していた右半分の顔が、いまのわたしではないかと感じています。苦しい何かが人生に立ちふさがっていても、その奥には新しいあなたの人生のタマゴが眠っています。あなたは変われるし、いまも少しずつ変化しています。ゆっくり焦らずいきましょう、ね。

ステップ１でご紹介したエレベーターの呼吸は、おなかから下の、エネルギーの根となる部分にあなたを接続してくれます。ここにいていい、という感覚を思い出させてくれます。それは、あたまにある苦しい思考から離れて、おなかのなかに降り、あなた自身のエネルギーとひとつになる体験です。

ここにいていい、という感覚は、他の誰かがくれるものではありません。あなたという意識と、あなたのおなかのなかの生命エネルギーとの関係なんです。意識が身体に根を伸ばせるかどうか、なんです。

さあ、ではこのあと、最後のステップをご紹介します。左脳さんの逆襲です！

ギャー！

第9章

実践編❺

レスキュー！最後の闘い

左脳さんの逆襲

最後とは
言ってない

実践編ステップ5

レスキュー！　最後の闘い

この本でご紹介する最後のステップがやってきました。

ここまでのステップであなたがチャレンジしてきたワークで、思考の脳細胞回路に流れる刺激は、かなり減ったと思われます。わたしたちが減らしてきたのは、感情をともなってグルグル流れる、自分にまつわるひとりごとのような思考です。いま現在、目の前にいない人をターゲットに、思い返しては怒りを再燃させたり、悲しみにひたったり、犠牲者になって騒いだりする、思考のことです。仕事で使う思考や、計算能力や、脳トレで鍛える記憶力などとは別の、必要ないのに肥大化した自意識にまつわる思考です。

しかし、左脳さんはその自意識の思考を手放したくありません。左脳さんからすれば、ラクに栄養が手に入る、コスパ最高の思考なんです。あなたがグルグル思考を巡らせていてくれれば、すべては丸く収まるじゃないの！（収まりません、ぜんぜん。）

そこで、左脳さんの逆襲がやってきます。

これが、オカンが本を書かねばならなかった理由のひとつです。
これがあるから、瞑想だけではなかなか意識変容に至らないんです。ちょっと気分がスッキリしたなーという効果なら、瞑想がおすすめです。瞑想は気持ちがいいです。
ただ、思考の脳神経回路を切り替えてまで、あり方に大きな変化を起こそうと思ったらやっぱりちょっと大変で、それがこの左脳さんの逆襲であります。これに気づかず、いいところまで進みながら幾度も引き戻しをくらっては、変容に至れない方も多いのではないかとオカンは思っています。

左脳さんは強敵だ

どんな逆襲かと言いますと、あなたの弱点をピンポイントで攻撃してきます。
あなたが感情を揺さぶられ、反応せずにはいられないような、出来事が起きます。
左脳さんはあなたの弱点を心得ているんです。

例えばあなたが被害者的な感覚になると大騒ぎを起こすタイプなら、あなたを攻撃し、言い負かし、へこませる誰かが登場します。あなたが泣き明かす最悪の夜を送ってくるでしょう。上司か仲間か家族の誰かに訴えて、涙ながらに自分の窮地を表現したくなります。

あなたが攻撃的な感覚になると感情が乱高下するタイプなら、おろかで、下手くそで、幼稚でひねくれた誰かが送り込まれます。こいつを正さなくては、怒鳴りつけてでも、とあなたに思わせ、導火線に火をつけてあなたを爆発させます。だって、こいつバカなんだもん、わからせなきゃだめだろ！

ただ、これまでとは違う異様な強制力があります。ここまでのステップであなたがだいぶ穏やかで落ち着いた気分を手に入れていたなら、強い違和感を覚えるほどの思考が起こるのです。

そうです、これが左脳さんの断末魔です。正しくはあなたの選択により、使われず終わろうとしている思考回路の断末魔、です。

オカンは、例の「ある日突然思考が消えました」の日、実はそのあとでこれが起きました。

ミュート・オンになっていたはずの思考が、突然復旧して、荒れ狂ったので驚きました。

会社に出社する途中の自転車を、思わず途中で降りて「ちょっと待って、なんだこれ落ち着いて見てみなきゃ」となったことを覚えています。それも2〜3回。

ですので、思考が消えたそのあとでも起こりうる、突発イベントとして、ご紹介しておきます。

まずは気づくこと

まずは、逆襲が起きていることに気づくこと。

左脳さんは、感情的な思考にあなたを乗せようとしますが、そのことに気づくことで対処が可能になります。この本のステップを行っていると、どこかの時点で必ず起きる、と想定しておくのがいいでしょう。起きなければラッキー。

この逆襲には、サインがあります。弱点をついてくること自体がサインです。ですから自分が対人関係でどういう弱点があるタイプかを知っておくことが最重要です。それは人間関係のクセみたいなもの。その型にハマると思考が暴走してしまうクセです。

被害者タイプ、攻撃者タイプ、他にも台風の目タイプ、持ち逃げタイプ、匂わせタイプ、などがあります。

- **被害者タイプ……自分が被害者になると暴走するタイプ。**
- **攻撃者タイプ……自分が攻撃者になると暴走するタイプ。**
- **台風の目タイプ…言動で周囲を騒がせておきながら、自分は自分だ変われない、**

と開き直るタイプ。リーダー型だったり、いじられ型だったり。

● 持ち逃げタイプ…自分はいろいろ知っているし考えているけれど、それを明らかにせず逃げ出すことで惜しまれたいタイプ。いなくなることで困られたい。

● 匂わせタイプ……自分はいろいろ知っていると匂わせるだけで、抱え込み、周囲から注目されたいタイプ。詮索されたい。

他にもいろいろあると思います。自分がいままでどんな型にハマるとダメなタイプだったか、を思い返してみましょう。あとになって後悔するような騒ぎ方、あとでつらくなる離脱の仕方など、人間関係を騒がせるやり方です。

これらのことを覚えておいてください。

どうも左脳さんの逆襲くさいな、と気づくために。

左脳さんに命じる

それでも、人間関係のドタバタが始まってしまったら、まっさきにやらなくてはならないのは、思考の嵐を止めることです。

左脳さんは、あなたをガッシリとつかんで離さず、「どうしよう、なんとかしなくては、どうしたらいいんだ、大変なことになった」とあおり続けます。

まずは数回、エレベーターの呼吸をはさんでください。できれば数分間。

そして、騒ぎ立てる左脳さんに向かって命令してください。

「わかった。だが、黙っていなさい。あなたはあたまにいて、身体のなかでいちばん高い場所をいただいているのだから、そこから全身の細胞に愛を降らせなさい」

そうして「愛しています、愛しています」と唱えさせます。その言葉が雪のように、身体の内側へ降るのを見ています。脳内でも、それ以外の言葉を発するのは禁じます。あなたが左脳さんに向けて禁じます。違うことを話しだしたら、すぐに愛を降らせる作業に戻らせます。ここはあなたが厳しくやってください。

これはオカンがさまざま試したなかでも、絶対の効力のある命令でした。ここで大切なのは、思考に巻き込まれないことです。直面している状況で何が正しいか、ではなく、思考に巻き込まれないこと。収めようともせず、確認しようともせず、議論にも乗らない。

「これは左脳さんの逆襲だ」

このようにしっかり認識することで、外側の人間関係を指さすものに惑わされないことです。

それでも思考と感情が暴走して苦しいときのために、エレベーターの呼吸の「強いバージョン」をご用意しました。

エレベーターの呼吸強のやり方

息を吸って、エレベーターの床を下げていきます。

床がおなかの底に着いたら、

呼吸を止めて、

エレベーターの呼吸 強

思考が暴れて苦しいときのレスキュー呼吸

口から息を吐く
鼻から息を吸う
エレベーターの床が
上がる
下がる
底に着くときに息を止め
3回強くバウンドさせる！
バン！バン！バン！

エレベーターの床にバウンドを加えることで、
集中を強めます。

エレベーターの床をおなかの底に3回バウンドさせます！
バン！ バン！ バン！
その後はふつうに息を吐きながら、エレベーターの床を上げます。

新しいあなたを創造する

理解していただきたいのは、被害者タイプであれ攻撃者タイプであれ、他のどのタイプであれ、本来は否定しないでいいということです。ただ、今回はそのタイプ（弱点）を左脳さんが利用してきている、ということが重要です。

つまりこれは、あと少し我慢すれば思考の脳神経回路の切り替えが起こりますよ、というサインなのです。ここで感情的な思考に巻き込まれないことが大事です。外側の事態を収めることよりも、そちらが大事です。踏ん張ってください。

そして、苦しさがあれば、それをまとめておなかに投げ落とします。おなかには、本体さんの強い生命エネルギーがありますから、分解してくれます。

ここでもエレベーターの呼吸が活躍します。おなかの底まで意識が降りやすくなっているはずです。

「生命さん、本体さん、この苦しい感じを何かに変換してください。投げ落とします。新しい自分にふさわしい行動を取らせてください。あなたを信じます。いったん、お任せします」

ここまでやれたら、あなたは〈新しいあなた〉を創造しました。この形が、ずっと続きます。ですからその証《あかし》として、いずれ必ず思考が消えます。もうそれを選んだのです。追ってタイムラグののち、脳神経回路が切り替わります。

覚えておいていただきたいのは、実は思考が消えた人はいっぱいいるってことです。いわば一種の先祖返りのような形で、とても自然に起こってそのまま生きている人がおおぜいいるんです。

アメリカでは調査も行われています。研究者がいて、アンケートやインタビューを行って情報を収集し、いわゆる悟りの変容が起こった人々の状態についてまとめたレポートなどもあります。

先祖返りと言ったのはオカンの実感です。

思考は、あまりにも急激に重用されすぎました。身体とあたまのバランスが偏りすぎるほどになってしまいました。そのうえ、デジタル社会です。本来は、自分の発する声、その声のための呼吸、腹筋、手、腕、全身を使っての意思疎通があるはずなのに、指先ひとつでコミュニケーションができてしまいます。それはすばらしい文明の利器だけれど、そのアンバランスは現在生きているわたしたちの肉体に表れます。つまり、思考過剰です。身体の感覚が薄れ、言葉による思考ばかりが発達してしまいます。

そのうえ、「個人」にかかる重圧は増えるばかりです。「個人」というのは「全身に薄めて広げた意識の焦点さん」なのですから、ほんとはね、そんなにパワフルじゃないの。焦点さんは、本体さんや左脳さん、右脳さんの助けを得て、未来を指さす存在なのだから。

けれどいまさら、毒虫のいるジャングルには戻れません。ムヒがあっても。

だから、ささやかですが、わたしたちひとりひとりのなかで、おなかとのコンタクトを取ること。

過剰になった思考を収め、身体の内側の生命エネルギーとふれあい、こころを充電すること。

なまなましい、生きている実感を得ること。

困ったらおなかに助けを求めること。

そして可能なら、あなたにも、あの本体さんの向こうに広がる、宇宙よりもでっかい意識の世界を見てほしい。あなたがどんなに愛されているか、大切に思われているか、信じられているか、体験してほしい。

そう願って、本書を執筆いたしました。

あなたの役に立ちますように。

次章、本書のおまけとして、意識の焦点さんの矢印を使って夢をかなえる方法をご紹介します。すべての意識の焦点さんへ、愛をこめて。

「幸せな未来、指さして行こー!」

第10章

焦点さんの矢印活用編

望みをかなえる焦点の結び方

だから、
きみが望め！

焦点さんの矢印活用編

望みをかなえる焦点の結び方

では、意識の焦点さんたち、準備はよろしいですか？
わたしたちのパワーである矢印、その焦点の結び方をご紹介しましょう。
夢をかなえる「引き寄せ」の方法です。

相手は生命さん。かないやすい望み、かないにくい望みがある

まずは望みについてですが、誰かを傷つけたり、不幸にする望みはかなわないです。

なぜなら、生命さんは「おおきなひとつ」でつながっているので、自分以外の誰を傷つけることも、自分を傷つけるのに等しいわけです。人差し指が中指を傷つけるようなもの。

また、望みを体験するのは自分であること。つまり自分が望むことであるようにしましょう。自分以外の誰かに大きな家を望んであげると、かなった挙げ句、税金で破産してしまうかもしれません。

まずは自分がほしいもの、体験したいこと、身につけたい技術など、自分の望みをかなえましょう。

いま、手に入ったら困るものはやめておきます。停める場所のない自動車や大型バイクが手に入っても困ります。望むときは、いますぐかなっても困らないものにしましょう。望むなら困らないように駐車場を探しておきます。

見栄をはりたいから手に入れたいものも、微妙です。うらやましがられたいという気持ちは、生命さんの視点からすると相手からエネルギーを奪いたいということなんです。

他の誰にも関係なく、自分がほんとうにほしいから手に入れたい。なりたい。経験したい。そういう望みがいいですね。

まずは右脳さんにうまく伝えよう

意識の焦点さんが選んだ望みは、あなたの意識の内側に取り込まれ、右脳さんが受け取ります。

右脳さんは、言葉でのコミュニケーションがほとんどできません。

そこで、画像を使って伝えることになります。オカンもいろいろ試してきましたが、動画はうまくいかないようです。静止画、写真がいちばんいいです。

おすすめは、スマホやタブレットなど常時身近にあるツールのなかに、望むものの画像を集めた写真アルバムを作ることです。

この画像を集めるのがとても楽しいので、オカンはこの作業が大好きです。いつも何かを画像検索しています。

ここで注意すべきことは、望むものだけをピックアップしてください。これがほしいわけじゃないけど、この画像の雰囲気が好き、とやってしまうと、右脳さんは混乱します。

手に入れたい、かなえたいものだけを画像で集めます。ほしいものの部分だけを切り抜いたりして、うまく集めましょう。

定時に見る

これらの画像を集めたアルバムを、一日のなかで決まった時間に見るようにします。

オカンは、朝、1時間早く起きて、この画像たちを見ながら、ほしいものについて右脳さんに伝える時間を作っています。

あー、いいなー、好きだなー、家にあったらうれしいだろうなー、と思いながら見ているだけなんですけど。

集めた画像を見ている時間以外は、忘れています。そのほうがいいみたいです。

夜、寝る前にも見ることが多いです。

かなう前のサインに気づく

よくあるのが、「いまそれは買えないけど、お店の店頭で実物を見かけた」というパターンです。

買えないや、とガッカリしてはいけません。

右脳さんが、あなたに「ほしいのって、これ?」とたずねているんです。だから、喜びましょう。そうだよ! これだよ! と言って手をたたきましょう。

その次によくあるのが、すでに家にあるものをふと思いつくパターンです。ぜんぜん別のものかもしれませんが、それを探しているうちに、ちょうどほしかったものを見つけたりします。

何かがこころにひらめいたら、そしてその瞬間に望むものの画像アルバムを一瞬でも連想したら、それがサインです。必ず動きましょう。どう関連するのかわからなくても、ひらめいたことを実行します。

ひらめきを受け取り、動くことがあなたから右脳さんへのメッセージになるんです。そうだよ、ほしいんだよ、教えてね、受け取るよ、というメッセージです。

聞いてもくれず、反応もしてくれない人の願いをかなえてあげたいと思うでしょうか。自分は動く気もなく、家まで勝手に届けろよ、なんて人の望みをかなえてあげたいと思うでしょうか。

ほんとうにほしいもの、いますぐにでもかなえたい願いにしましょう。そして、どんなひらめきにも反応しましょう。

「焦点を合わせたものが増える」法則

もうひとつは、文字どおり焦点の合わせ方です。可能な限り、うまくいっているところだけを見ましょう。自分の人生のなかで、イケてるところを喜び、称賛するんです。かなえたいことが多いからと言って、日常を不満のかたまりにしないことです。不満に焦点が合うと不満が増えます。これは、ほんっとうなんです。マジマジ！

意識の焦点さんのパワー、すごいんですよ。つまりわたしたちのことですけど。虫めがねで太陽の光を集めて、ジュッと燃える実験があるでしょう。あれと同じ、焦点の場所のパワーはとても強いんです。

だから、焦点をどこに合わせるかは、焦点さんの腕の見せどころです。人生を苦しく欠けたものばかりにするか、うれしく満たされたものばかりにするか、それは焦点さんの選択です。

商売繁盛！

これは笑い話ですけれど、オカンは代々続く商売人の家系に生まれ育ちました。だから自称「商売繁盛さん」です。自分でそう言い張っています。

何かというと、ショッピングモールなどで、お店にふらりと入ったら、自分しかお客さんがいなくて店員さんにターゲットロックをかけられてしまうこと、ありませんか。

いやぁ、困った、他に誰かこの店にふらりと入ってくれないかしら。買わなくちゃ出られない雰囲気になっちゃった。

そんなときに、オカンはそのお店の素敵なところだけに集中し、こころのなかで猛烈にほめ始めます。ああ、なんて素敵な商品たちだろう、センスいいなぁ、すばらしいお店だなぁ、商売繁盛、商売繁盛。

すると、みるみるうちにお客さんが集まってきます。これ、本当です。家族からはあきれられて「天性のヤバイサクラ人間」なんて呼ばれています。

オカンひとりしかいなかった店内は、最低5組のお客さんでにぎわいます。店員さんも右往左往。ターゲットがはずれたスキを見て、買うことなくお店を出ます。ごめんなさい、見たかっただけなのよ。

焦点を意識して、焦点を合わせる技術を身につけると、いろいろできるんです。どうせなら良いものの素敵なものを増やしたいじゃないですか！

皆が焦点さんであることに気づいて、良いほうに焦点を合わせたら、世界はあっという間に良くなる気がします。

オカン、あたまが単純ですみません。えへへ。

それでは、意識の焦点さんたち、皆さまの望みがかなうことをお祈りして。

ここまで読んでいただき、ほんとうにありがとうございました。

おわりに

あたまのなかの声が消えて6年ほど。かつてグチグチとした悲観的なひとりごとで埋まっていたそこは、いまではさわやかな青空のような空間になっています。広くて、透明で、静かな空間です。わたしという意識は、いつもは胸のあたりでふわふわしていますが、たまにこの広い空間で踊りたくなるのです。

あなたも、いまは左脳の言葉たちに取り囲まれているかもしれません。でも、それを止めることもできるんです。大音量で流れていた言葉たちが消えると、そのあとには身体の細胞が歌う幸せの歌が聴こえてきます。生きている喜びの歌です。きっとあなたも踊り出したくなるでしょう。

この、ゆるくて幸せな生き方をあなたにお届けしたくて、本書を書きました。いまこの瞬間も、多くの無意識がチームを組んで「あなた」を生きています。耳を傾ければ、ゆかいな機能意識たちが答えてくれます。あなたを愛して導いてくれる右脳さん、人間社会を生き抜くために管理してくれる左脳さん、あなたがすべてのいのちとつながっていることを教えてくれる本体さん、地球の視野であなたを後ろから見つめる生命さん。

チーム「あなた」が力を合わせて、人生を軽やかに進んでゆかれますよう、オカンは願っています。本書をお読みいただき、ありがとうございました。

著者紹介 ……………………………………………………………………………………

ネドじゅん

大阪出身、昭和40年代生まれのオカン。イラストレーション、広告デザイン、出版編集、イベント企画などの職を経て、人の輪と、ものづくりが大好きになる。2016年のある日、突然脳内から思考の声が消え、意識の変容が起こる。以降、右脳中心の意識状態となり、直感や「つながり合う大きな無意識」からの情報を受け取って発信している。オンラインで脳と意識の自主研究活動を行う「三脳バランス研究所」所長。

本書は、『左脳さん、右脳さん。　あなたにも体感できる意識変容の5ステップ』Kindle版（2021年）に加筆修正したものです。

左脳さん、右脳さん。

あなたにも体感できる
意識変容の５ステップ

●

2023年3月19日　初版発行
2024年4月22日　第12刷発行

著者／ネドじゅん

装幀・本文デザイン／ Dogs Inc.
編集／嶋貫由理

発行者／今井博揮
発行所／株式会社 ナチュラルスピリット
〒101-0051 東京都千代田区神田神保町3-2 高橋ビル２階
TEL 03-6450-5938　FAX 03-6450-5978
info@naturalspirit.co.jp
https://www.naturalspirit.co.jp/

印刷所／シナノ印刷株式会社

ISBN978-4-86451-432-3 C0010